Roland Scheller

Ergonomie-Skript - Ein Ratgeber für Computer-User

Roland Scheller

Ergonomie-Skript - Ein Ratgeber für Computer-User

GRIN Verlag

Bibliografische Information der Deutschen Nationalbibliothek: Die Deutsche Bibliothek verzeichnet diese Publikation in der Deutschen Nationalbibliografie; detaillierte bibliografische Daten sind im Internet über http://dnb.d-nb.de/ abrufbar.

1. Auflage 2008
Copyright © 2008 GRIN Verlag
http://www.grin.com/
Druck und Bindung: Books on Demand GmbH, Norderstedt Germany
ISBN 978-3-638-94442-7

ERGONOMIE-SKRIPT 2008

© **Dr. phil. Roland Scheller**
TU Berlin, Semiotik
Kontakt: **datacide@freenet.de**

INHALT:

1. Wofür Ergonomie?

In den Industrienationen gibt es mehr und mehr **Bildschirmarbeitsplätze**. Die durchschnittlich vor dem Computer verbrachte Zeit nimmt immer weiter zu. Gleichzeitig verstärken sich die Beschwerden verursacht durch falsches Verhalten der Computer-User, ebenso wie Beschwerden durch ein falsche ergonomische Gestaltung der Bildschirmarbeitsplätze oder zu harte Nutzungsbestimmungen, Stichwort: **Pausen**reglementierung, Schichtarbeit, Leistungsdruck. Erfahrungsgemäß verwenden Arbeitgeber, Bildungseinrichtungen und der private User keine oder wenig Zeit auf Schulungen für Gesundheit erhaltende Maßnahmen für Bildschirmarbeit. Entweder sorgt man sich selbst darum oder niemand tut es. Ergonomie wird dadurch zu einem der Schlüsselbegriffe des modernen Computerzeitalters.

2. Pausen

Das Wichtigste gleich vorweg: Grundvoraussetzung für den Erhalt der Gesundheit und der Leistungsfähigkeit sind regelmäßige Pausen. Dabei empfiehlt es sich, **Gymnastik** zu machen, **Spaziergänge**, **Mahlzeiten**, **Gespräche** oder zu **flirten**. Man sollte nicht erst warten bis der Rücken schmerzt. Auch wenn Arbeit z.t. nach **Log-in-Zeit** oder **Netto-Kontakt-Minuten** bezahlt wird, sollten Pausen unbedingt eingehalten werden, um die Gesundheit zu bewahren.

So heißt es bspw. In der Broschüre „Bildschirm-Arbeitsplatz: **Augenärzte** informieren": Wer...über den Bildschirm nur für kurze Zeit Daten abruft, die er dann am Schreibtisch weiterverarbeitet, hat eine seine Augen weniger belastende Aufgabe zu erfüllen als ein Mitarbeiter, der ausschließlich auf den **Dialog mit dem Bildschirm** angewiesen ist. Dementsprechend müssen sich die Erholungspausen für die Augen diesen individuellen Anforderungen anpassen.

3. DIN-Normen für Bildschirmarbeitsplätze

Für das korrekte Sitzen am Computer gibt es spezielle DIN-Normen, die für Arbeitgeber verbindlich sind und die eingehalten werden müssen. Darin sind sowohl die Maße des Bildschirmarbeitsplatzes, der Sehraum der Greifraum als auch die Anforderungen an Zeichen auf den Sichtgeräten genau definiert.

IT- Handbuch

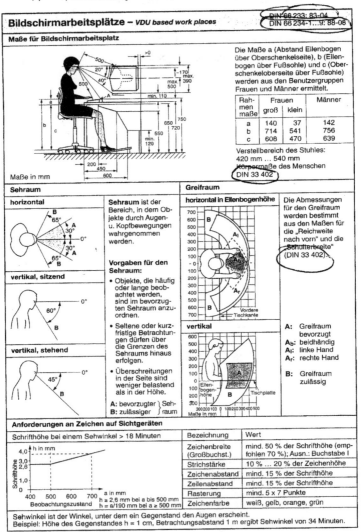

Bildschirmarbeitsplätze – VDU based work places

DIN 66 233: 83-04
DIN 66 234-1...9: 88-08

Maße für Bildschirmarbeitsplatz

Die Maße a (Abstand Ellenbogen über Oberschenkelseite), b (Ellenbogen über Fußsohle) und c (Oberschenkeloberseite über Fußsohle) werden aus den Benutzergruppen Frauen und Männer ermittelt.

Rahmenmaße	Frauen		Männer
	groß	klein	
a	140	37	142
b	714	541	756
c	608	470	639

Verstellbereich des Stuhles: 420 mm ... 540 mm
Körpermaße des Menschen
DIN 33 402

Maße in mm

Sehraum		Greifraum	
horizontal	Sehraum ist der Bereich, in dem Objekte durch Augen- u. Kopfbewegungen wahrgenommen werden.	horizontal in Ellenbogenhöhe	Die Abmessungen für den Greifraum werden bestimmt aus den Maßen für die „Reichweite nach vorn" und die „Schulterbreite" (DIN 33 402).
vertikal, sitzend	Vorgaben für den Sehraum: • Objekte, die häufig oder lange beobachtet werden, sind im bevorzugten Sehraum anzuordnen.	vertikal	A: Greifraum bevorzugt Ab: beidhändig Al: linke Hand Ar: rechte Hand
vertikal, stehend	• Seltene oder kurzfristige Betrachtungen dürfen über die Grenzen des Sehraums hinaus erfolgen. • Überschreitungen in der Seite sind weniger belastend als in der Höhe. A: bevorzugter Seh- B: zulässiger raum		B: Greifraum zulässig

Anforderungen an Zeichen auf Sichtgeräten

Schrifthöhe bei einem Sehwinkel > 18 Minuten

h = 2,6 mm bei a bis 500 mm
h = a/190 mm bei a ≥ 500 mm

Beobachtungszustand   a in mm

Bezeichnung	Wert
Zeichenbreite (Großbuchst.)	mind. 50 % der Schrifthöhe (empfohlen 70 %); Ausn.: Buchstabe I
Strichstärke	10 % ... 20 % der Zeichenhöhe
Zeichenabstand	mind. 15 % der Schrifthöhe
Zeilenabstand	mind. 15 % der Schrifthöhe
Rasterung	mind. 5 x 7 Punkte
Zeichenfarbe	weiß, gelb, orange, grün

Sehwinkel ist der Winkel, unter dem ein Gegenstand den Augen erscheint.
Beispiel: Höhe des Gegenstandes h = 1 cm, Betrachtungsabstand 1 m ergibt Sehwinkel von 34 Minuten.

262

Abb. 1.: *Bildschirmarbeitsplätze* (aus: IT-Handbuch)

4. Wirkung von Computern auf das Bewusstsein

Computer können unterschiedlich auf das Bewusstsein des Nutzers wirken, dabei kommen verschiedene Faktoren zum tragen: zunächst spielt die Konstitution des Users eine Rolle, seine Fachkenntnisse, die Funktionstüchtigkeit des Rechners, und die Art des zu erledigenden Jobs, aber auch die Dauer der Nutzung. Darüber hinaus gibt es eine ganze Reihe weiterer Faktoren, die das **Wohlergehen** des Individuums am Rechner beeinflussen, das Sitzmobiliar, das Umfeld, die Online-Verbindung, Pausen, die Lichtverhältnisse und vieles mehr. Während einer kurzzeitigen Nutzung stimulierend und Interesse erregend wirkt, kann eine längere Nutzung ohne Pausen ermüdend und stressend wirken. Darüber gibt es in der Arbeitspsychologie eine ganze Reihe von Untersuchungen (siehe Hacker 2005).

Während viele Begleiterscheinungen noch nicht geklärt sind, so z.B. das Reagieren der **Gehirnzellen** auf Elektrostrahlung und Dauerbelastung, wie sich Gehirnzellen bei permanenter Computernutzung entwickeln und verändern, ist einiges bereits geklärt. So ist beispielsweise Schlafentzug vor dem Rechner nicht gesund, ebenso wie viele andere in diesem Skript aufgelisteten Punkte. Doch vieles wird laut Industrie durch eine verbesserte technische bzw. ergonomische Ausstattung der Geräte relativiert.

Direkt betroffen von großer Strahlungsintensität sind der Frontallappen und der ophthalmologische Apparat. **Störende Geräusche** verursacht durch Rauschen, Lüftung und Ladegeräusche können auf Dauer das Gehirn stressen und auch schädigen (Stichwort Tinnitus). Inwieweit die Nasenschleimhäute von der Strahlung in Mitleidenschaft gezogen werden können ist bisher nicht geklärt. Dasselbe gilt für den Einfluss auf Geschmack und Tastsinn. Jedenfalls ist das Gesicht von der Strahlung am ehesten betroffen, ob Elektrostrahlung, Monitorflackern, u.a.

Überarbeitung vor dem PC kann bis zu psychischen und körperlichen Erschöpfungszuständen reichen.

Jemand, der vor einem Computer arbeitet, bedient sich seiner eigenen **Perzeptions-Operations-Koordination**. Das ist ein Fachbegriff aus der **kritisch-rationalen Psychologie** (Holzkamp 1985, S.301ff.). Auch vor dem Computer kommt es zu einer perzeptiven Gliederung des **Wahrnehmungsfeldes**.

Es erscheint als unumstritten – auch wenn es gerne totgeschwiegen wird - dass es bei einem Missbrauch von Computern zu emotionalen Störungen kommen kann, bis hin zu neurologischen Schädigungen und Störungen des psycho-motorischen Apparates. Das sind Probleme, die von technischen Einrichtungen allzu gerne herunter gespielt werden. Dieser Probleme werden eher von Medizinern thematisiert, als von der Computerindustrie selbst. Leider haben viele Arbeitgeber in der IT-Industrie ein stärkeres Interesse an Profiten und der geleisteten IT-Arbeit als an der Gesundheit der Mitarbeiter und deren betriebsrechtlichen Schutz. So hat die Firma Pixelpark 2000 ihre Betriebsräte abgeschafft und das als Errungenschaft der IT-Industrie deklariert. Andere Firmen bieten den Mitarbeitern nicht einmal mehr ordentliche Arbeitsverträge an und beschäftigen fast ausschließlich **Scheinselbständige**.

Einige Computersoftware ist dermaßen komplex, dass ein User vor einem schier unlösbaren Rätsel steht. Bedienungsanleitungen sind häufig mangelhaft oder wenn überhaupt schlecht übersetzt. Aus diesem Grunde fühlt sich der Nutzer häufig wie ein regelrechter Idiot. Das ist der Fall, wenn nicht geklärt werden kann, ob der User selbst **„zu doof"** ist oder der PC nicht wie beschrieben funktioniert.

Neben dem klassischen Entfremdungseffekt können Computer aber auch Aggressionen erzeugen. Das zeigt sich beispielsweise dann, wenn an den Unis, in Schulen oder in Jugendtreffs in PC-Pools randaliert wird, Monitore zerschlagen oder das Mobiliar kurz und klein geschlagen wird.

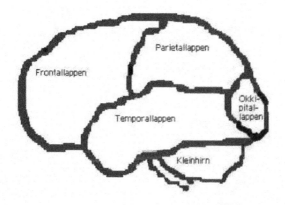

Abb. 2.: Die Regionen des Gehirns (in Anlehnung an: Rita Carter: Mapping the Mind)

Zur besseren Illustration sei hier eine Grafik des menschlichen Gehirns gegeben (Rita Carter 1998). Wir sehen deutlich, Elektrostrahlung, ob schädlich oder nicht, trifft zunächst auf die Vorderseite des Kopfes auf, und damit auf den Frontallappen.

5. Mobiliar, richtiges Sitzen

Suche dir stets einen beweglichen, **funktionstüchtigen Stuhl**, bei dem sich sowohl die Höhe als auch Rückenlehne einstellen lassen. Am besten sucht man sich einen Platz am Fenster mit **Blick ins Grüne**, weil der Blick ins Grüne die Augen schont (Ott 1989). Am besten nicht direkt neben einen Serverschrank, Telefonanlage o.ä. setzen, da hier die höchste **Elekrostrahlung** entsteht. Der Stuhl sollte wie in der Zeichnung dargestellt (s.o.) eingestellt werden. Der Rücken soll sich an der Lehne befinden, es soll ein wenig gewippt werden, um die Wirbelsäule und die Muskeln leicht zu bewegen. Der Bildschirm soll gerade, also frontal ausgerichtet sein, der Nutzer musst über den Bildschirm hinwegschauen. Er oder sie sollte zur regelmäßigen Entlastung der Augen gerade über den Bildschirm hinwegschauen und den Blick von links nach rechts hin- und herwandern lassen, damit du nicht ununterbrochen auf den Bildschirm starrst (siehe Übungen). Der Bildschirm sollte laut DIN-Norm mindestens **50 cm** von deinem Gesicht entfernt sein, um die Verstrahlung des **ophthalmologischen Apparates** möglichst zu vermeiden.

Abb. 3.: *Falsches Sitzen*, **(aus: ergo-online)**

Die Blitze in Abb. 3. deuten ansatzweise die Schmerzpunkte und Problemzonen an. Das Problem ist jedoch deutlich komplexer, als diese Skizze es darstellt.

6. Bildschirmarbeitsplatzverordnung

Es gibt eine verbindliche Verordnung für die Gestaltung und Nutzung von Bildschirmarbeitsplätzen, die von den Arbeitgebern häufig umgangen wird, indem kein offizielles Angestelltenverhältnis angeboten wird sondern freie Mitarbeit, Scheinselbständigkeit, Praktikum, Aushilfe etc.

Laut **Bildschirmarbeitsplatzverordnung** hast du das Recht auf einen strahlungsfreien, DIN-Norm entsprechenden, funktionstüchtigen Arbeitsplatz in einem **gut klimatisierten und beleuchteten Raum**.

Das ist natürlich an Universitäten, Internet Cafes und Schulen schwer durchzusetzen, da diese keine offiziellen Bildschirmarbeitsplätze sind. Laut Bildschirmarbeitsplatzverordnung stehen einem sogar **Fußstützen** zu. Hier ein Auszug aus dem Gesetzestext:

§ 5 - Täglicher Arbeitsablauf

Der Arbeitgeber hat die Tätigkeit der Beschäftigten so zu organisieren, daß die tägliche Arbeit an Bildschirmgeräten regelmäßig durch andere Tätigkeiten oder durch Pausen unterbrochen wird, die jeweils die Belastung durch die Arbeit am Bildschirmgerät verringern.

§ 6 - Untersuchung der Augen und des Sehvermögens

(1) Der Arbeitgeber hat den Beschäftigten vor Aufnahme ihrer Tätigkeit an Bildschirmgeräten, anschließend in regelmäßigen Zeitabständen sowie bei Auftreten von Sehbeschwerden, die auf die Arbeit am Bildschirmgerät zurückgeführt werden können, eine angemessene Untersuchung der Augen und des Sehvermögens durch eine fachkundige Person anzubieten. Erweist sich auf Grund der Ergebnisse einer Untersuchung nach Satz 1 eine augenärztliche Untersuchung als erforderlich, ist diese zu ermöglichen.

(2) Den Beschäftigten sind im erforderlichen Umfang spezielle Sehhilfen für ihre Arbeit an Bildschirmgeräten zur Verfügung zu stellen, wenn die Ergebnisse einer Untersuchung nach Absatz 1 ergeben, daß spezielle Sehhilfen notwendig und normale Sehhilfen nicht geeignet sind.

§ 7 – Ordnungswidrigkeiten

Ordnungswidrig im Sinne des § 25 Abs. 1 Nr. 1 des Arbeitsschutzgesetzes handelt, wer vorsätzlich oder fahrlässig entgegen § 6 Abs. 1 Satz 1 die dort bezeichneten Untersuchungen nicht oder nicht rechtzeitig anbietet.

(Auszug aus der Bildschirmarbeitsplatzverordnung)

7. Elektrostrahlung

Grundsätzlich ist hier zu raten, defekte Geräte mit brummenden **Nebengeräuschen** zu meiden. Es gibt staatlich festgelegte **Grenzwerte** mit den Höchstdosen bei Elektrostrahlung („Strahlenthemen" des Bundesmin. f. S.). In Deutschland sind es im Abstand von 30 cm vom Monitor, Rechner, Strahlungsquelle 100 **Mikrotesla**. (Dieser Abstand von 30 cm ist nicht zu verwechseln mit dem sog. Mindestabstand von 50 cm). In der Schweiz hingegen sind es nur 10 Mikrotesla, also ein Zehntel des deutschen Wertes. Die Gründe dafür können hier nicht erörtert werden. Ferner sondern Monitore auch **radioaktive Strahlung** ab, die jedoch nicht nach vorn, sondern nach hinten aus dem Gehäuse herausschießt. Vorne hingegen schießen aus dem Monitor die Elektronen heraus, die Staubpartikelchen aufnehmen können, die in die Augen gelangen können. Elektrostrahlung ist ein sehr ernstzunehmendes Thema, der ganze Sehapparat kann dadurch neben schädlichem Bildschirmflackern zusätzlich verstrahlt werden und so genannte **ophthalmologische Kopfschmerzen** auslösen.

Ferner warnt die Bürgerwelle (www.buergerwelle.de) auch vor neuen Funkstandards für Computer und Handys wie DECT, Bluetooth, Last Mile, W-LAN und Tetra, da es sich dabei um **gepulste Strahlung** handelt. Andere Experten geben hier jedoch Entwarnung und sagen die Strahlung an Hotspots, den W-Lan oder Bluetooth-Sendebereichen, bewegt sich, was die Sendeleistung anbetrifft, lediglich im Milliwatt-Bereich. Von Tesla scheint hier gar nicht mehr die Rede zu sein.

Ferner ist es sehr wichtig einen strahlungsarmen Monitor zu verwenden und jegliches Flimmern umgehend abzustellen bzw. abstellen zu lassen. In den USA sind bereits so genannte **Anti-Glare-Radiation-Screen-Filters** im Handel. Das sind Filter, die vor den Monitor gesetzt werden um die Strahlungsbelastungen zu reduzieren.

Des Weiteren erhöht das Arbeiten vor Computern während der **Schwangerschaft** das Risiko von Fehlgeburten.

8. Computerabstürze, Blackouts, Havarien

Für den Fall, dass der Computer abstürzt, ist es ratsam, sich nicht stundenlang vor dem Gerät den Kopf über das "Warum" und "Habe ich Schuld" zu zerbrechen, sondern einfach aufzustehen, sich zu bewegen, mit dem Nachbarn zu sprechen oder an die frische Luft zu gehen. Mittlerweile ist es bekannt, dass Computerabstürze sogar **Traumata** auslösen können, es kommt ganz darauf an, wie groß die Datenmenge ist, die durch den Absturz verloren geht. Es empfiehlt sich stets die Daten **zwischenzuspeichern**, **Sicherheitskopien** anzulegen und die Terminals nicht durch unkontrolliertes Hacken zu überlasten.

9. Das Sucht-Potential von Computern, Internet, Spiel-Konsolen, etc.

Folgender Zeitungsartikel bringt es auf den Punkt:

Internetsucht beschäftigt Psychologen

Wer täglich fünf Stunden im Internet surft hat nach Ansicht von Psychologen ein Suchtproblem. Davon betroffen seien vor allem Männer und ältere Frauen mit „geringem sozialen Status", hieß es zum Auftakt des 5. Kongresses der Deutschen Gesellschaft für Psychologie (DPG) in Oldenburg. 9000 Menschen wurden nach Angaben des Oldenburger Psychologie- Professors Wilfried Belschner online befragt, wie viel Zeit sie mit Internet-Surfen verbringen. Drei Prozent gaben mehr als 34 Wochenstunden an. Um diesen Personenkreis zu erreichen, müssten spezielle Therapieangebote entwickelt und wiederum über das Internet angeboten werden.

(Kieler Nachrichten, 14.04.2001, Psyche und Gesellschaft, S.5)

Alle Medien wie Zeitungen, Zeitschrift, Plakatwände und das Internet selbst sind randvoll mit Werbung für neue IT-Produkte. So wird ein regelrechter Kaufrausch erzeugt. Das Produkt selbst erzeugt bei übermäßigem Konsum ebenfalls Rauschzustände bis hin zu Suchterscheinungen wie Ermüdung, Schmerzen, Realitätsverlust, Beschaffungskriminalität, Langzeitmissbrauch und Abhängigkeitserscheinungen. Die IT-Industrie setzt alles daran, diese Krankmachenden Begleiterscheinungen zu verschleiern. Deshalb ist es zu einer IT-Revolution gekommen ohne nennenswerte Kritik in eigener Sache oder aus der Öffentlichkeit.

Dennoch lässt sich nicht leugnen, dass vieles, das mit Computern gemacht werden kann Spaß bringt und mitunter faszinierend sein kann. Deshalb bedenke den Leitspruch:

Alles was du in Maßen tust ist auf Dauer gut für dich!

10. Krankheiten

Im Zusammenhang mit dem Internet ist von pathogenen (krankheitserzeugenden) und salutogenen (gesundheitsfördernden) Faktoren die Rede (Döring 2003). Zu den pathogenen Faktoren zählen **Internet-Sucht**, Internet-related-stress-disorder, Kontroll-Verlust bei der Internet-Nutzung, gesundheitsschädigende Ideologien und Fehlinformationen. Als gesundheitsfördernd hingegen lassen sich **Online-Selbsthilfegruppen**, Selbstwert-Unterstützung, psychosoziale Online-Beratung u.a. bezeichnen. Gerade im Zusammenhang mit Computerspielen ist von **Identitäts- und Realitätsverlust** die Rede (Turkle 1998)

Im Folgenden eine kurze Liste von Krankheiten (aus Ergo-Online): Ophthalmologische Kopfschmerzen (Kopfschmerzen verursacht durch die Überlastung der Augen durch Licht- und Elektrostrahlung), Repetitive Strain Injury, kurz: **RSI** (auch Typistinnensyndrom, Überlastung der Handgelenke), in Verbindung mit Telefonistenarbeit am PC wahrscheinlich sogar **Tinnitus,** Rückenschmerzen. **Bei Überarbeitung Erbrechen, Schwindelgefühl, Kopfschmerzen, Orientierungsprobleme, Augenreizungen,** Kontaktarmut, **Isolation, Vereinzelung,** Lungenprobleme, Burn-Out-Syndrome, **Karpaltunnel-Syndrom.**

Es kann deshalb nicht schaden, beim Neurologen einen Check-Up mitzumachen.

Einige User knirschen nachts mit den Zähnen. Vor dem Rechner beißen einige auf die Zähne, was zu einer Verkrampfung der Kiefermuskulatur führen kann. Es gibt Stimmen, die empfehlen, vor dem Rechner **Kaugummis** zu kauen. Andere raten davon ab. Gegen das **Knirschen** hilft eine Plastikschiene vom Zahnarzt.

Ferner hat sich in der Umgangssprache der Begriff **Maushände** etabliert, darunter kann sowohl RSI als auch das Karpaltunnelsyndrom gefasst werden.

Unter Karpaltunnelsyndrom verstehen wir eine neurologische Erkrankung, die sich in **Missempfinden** auf der Beugeseite des ersten bis dritten Fingers äußert mit Ausstrahlung in den Unterarm (Kuner, Schlosser 1995, S.343).

Es kommt zu Schlafproblemen bzw. nächtlichem Aufwachen durch Schmerzen und Missempfinden, die nachlassen, wenn die Hand geschüttelt wird. Bei leichten Erkrankungen hilft eine **Schiene** am Handgelenk für einige Wochen während der Nacht. In schweren Fällen wird ein handchirurgischer Eingriff vorgenommen.

Das Karpaltunnelsyndrom entsteht vor allem durch eine verkrampfte Handhaltung bei der Nutzung der Computer-Maus.

11. Schlaf

Schlaf ist wichtig für die **Regeneration des Organismus**. Arbeiten niemals freiwillig nachts, erledigen Sie Hausarbeiten am Rechner nicht immer erst auf den letzten Drücker, so dass Sie bis tief in die Nacht arbeiten müssen. Vermeiden Sie, dass der Rechner direkt neben dem Bett steht, so dass Sie nicht auch noch nachts mit dem Computer konfrontiert sind. Wenn er nervt, schieben Sie ihn einfach in den Flur oder ins Nebenzimmer, sofern dieses Möglich ist. Des Weiteren können Zahnärzte eine **Plastikschiene** anfertigen für den Fall, dass ein Patient nachts mit den Zähnen knirscht.

In Japan gibt es mittlerweile Online-Cafés, die rund um die Uhr geöffnet haben. Einige Leute leben in diesen Cafés und schlafen auf Sesseln. Das ist auf Dauer natürlich schädlich.

12. Feng Shui für den Computer

Es ist nicht nur wichtig, unsere Wohnung in einen angenehmen Zustand zu bringen, um uns in ihr wohlfühlen zu können. Wir können ebenso auf einem Schreibtisch besser arbeiten, wenn er aufgeräumt ist. Das lässt sich auch auf Computer übertragen. Im Laufe der Zeit sammelt sich auf der **Festplatte** immer mehr Datenmüll an, der nicht mehr benötigt wird: vorläufige **Back-Ups**, verworfene **Texte**, alte **Briefe**, uninteressante **Attachments** u.s.w. Einige Daten sind mehrfach unter anderem Namen in unterschiedlichen Ordnern abgespeichert. Deshalb empfiehlt es sich, die **Festplatte**, den **Desktop**, aber auch die **Mailbox** und die als **Favoriten** abgespeicherten Webpages u.ä. regelmäßig durchzukämmen und überflüssige Daten zu tilgen. Dadurch wird die **Entropie** auf Festplatte und Desktop erhöht, die **Speicherverwaltung** wird übersichtlicher. So erleichtert sich das Arbeiten enorm. Dateien werden schneller gefunden, das Chaos wird minimiert.

13. Der Entfremdungseffekt

Bei Computerlaien, aber auch bei Profis, kann es bei der Computernutzung zu einem so genannten Entfremdungseffekt kommen. Dieser ist zurückzuführen auf Karl Marx (klassischer Entfremdungseffekt). Der liegt bei der Nutzung von Computern immer dann vor, wenn der User technische Zusammenhänge nicht mehr begreift, bspw. wo die **Pop-Up-Windows** herkommen, wer die **Junk-Mails** geschickt hat, oder weshalb das Internet auch über Funk empfangen werden kann. Es gibt Tausende von Beispielen, allesamt Begebenheiten in der Computerwelt, die z.T. selbst für einen gut ausgebildeten E-Techniker oder Informatiker schwer zu begreifen sind. Diesen Entfremdungseffekt gilt es zu verstehen und zu umgehen. Also deshalb ruhig mal in ein Physik-Buch schauen oder einen Artikel zu einer Problematik in einer guten Computerzeitschrift lesen. Bei Computerschulungen in Schule, Uni oder im Betrieb empfiehlt es sich, Fragen zu stellen, auch wenn man u.U. feststellt, dass der Dozent fast ebenso wenig Ahnung von Physik hat.

14. Übungen zum Erhalt der Gesundheit

Es empfehlen sich unterschiedliche Dinge, um die Gesundheit trotz einer häufigen Computernutzung in Takt zu halten. Es gibt verschiedene Formen der Bildschirmgymnastik, Augengymnastik und Rückengymnastik, die auf Dauer die Konstitution stärken und die Belastung durch Bildschirmarbeitsplätze auffangen können. Es empfiehlt sich auch, einen in Apotheken erhältlichen großen **Gymnastikball** zu verwenden, auf dem man maximal zweimal 20 Minuten pro Tag sitzen soll. Da man vor dem Rechner sehr viel vergessen kann, gerade, wenn man wahllos im Internet surft und recherchiert, empfiehlt es sich, regelmäßig **Notizen** zu machen.

Im Folgenden sind diverse Übungen aufgeführt, die in Broschüren von der **AOK** und **Barmer** aufgeführt werden, aber auch von **Ergo-Online** aus dem „Sozialnetz Hessen". Diese gelten als Computergymnastik, sind jedoch nicht jedermanns Sache.

Es lohnt sich, da mal reinzuschauen und die Übungen auszuprobieren und einzuprägen.

Es ist sinnvoll, solche Übungen in visualisierter Form wie ein Poster neben dem Rechner hängen zu haben, um regelmäßig an Ergonomie erinnert zu werden.

Es soll auch **Bildschirmschoner** geben, die den Nutzer an eine ergonomische Kopfhaltung erinnern.

"All-Time-Classics" wie **Yoga, Tai Chi, Wibelsäulengymnastik, Autogenes Training**, die **Feldenkreismethode**, etc. sind immer sinnvoll. Empfohlen wird beispielsweise „Yoga: Das 28-Tage-Programm" von Richard Hittleman oder „Yoga für Menschen von heute" von Andre van Lysebeth (s.u. Literaturliste).

Abb. 4.: *Ergonomie-Tipps* (zusammengetragen aus: Barmer-, AOK-Broschüren und Ergo-Online)

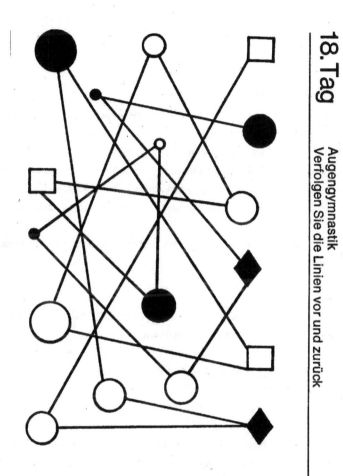

Abb. 5.: *Augengymnastik* (aus: Ott 1989)

19

Augengymnastik wie die in Abbildung 4. dargestellte (Ott 1989) soll dabei helfen, sich auf den Text besser konzentrieren zu können und eine Überlastung der Augen vorzubeugen.

15. Prävention

Regelmäßiges Sporttreiben, am besten **Ausdauersportarten** wie Langlauf, Langstreckenschwimmen oder Fahrradfahren, fördern die Gesundheit. Leute, die einen Bildschirmarbeitsplatz haben leiden häufig unter **Bewegungsarmut**. Man sollte sich auch privat ein Equipment und Mobiliar anschaffen, das gewährleistet, dass man sich nicht die Gesundheit ruiniert. Ferner können lange Spaziergänge hier auch vieles kompensieren. Es ist auch sinnvoll, stets eine Packung Kaugummis neben dem Computer liegen zu haben.

Interessant ist auch folgende **Augengymnastik** bestehend aus sechs einzelnen Übungen (aus Ott, Optimales Lesen):

1. Übung:
Machen Sie flott – aber ohne jede Anstrengung – zehn Blickübungen vom linken Augenwinkel zum rechten und umgekehrt, ohne dass Sie dabei den Kopf bewegen.

2. Übung:
Zehn Augenübungen: (1) Linker Augenwinkel – (2) Richtung Stirn – (3) Rechter Augenwinkel – (4) Richtung Nasenspitze.

3. Übung:
Zehn Blickübungen: Bitte zeichnen Sie in raschen Bewegungen – aber ohne jede Anstrengung – die Form ihres Auges nach, a) im Uhrzeigersinne, b) im entgegengesetzten Uhrzeigersinne. Diese Übung ergibt ein ellipsenförmiges Augenrollen.

4. Übung:
Bilden Sie mit ihren Händen eine Schale und bedecken Sie damit ihre Augen. Schauen Sie nun einige Minuten in den so entstandenen dunklen Raum. Ganz entspannt sein, bitte! Öffnen Sie nun die Schale sehr langsam, damit sich die Augen allmählich wieder an das Licht gewöhnen.

5. Übung:

Kombinieren Sie die 3. und 4. Übung.

6. Übung:

Schauen Sie bitte so oft wie möglich ins Grüne.

Ansonsten gilt, versuchen sie die Bildschirmarbeitszeit so weit zu reduzieren wie möglich. Vieles können sie auf dem herkömmlichen Weg viel besser erledigen. Es empfiehlt sich in vielen Fällen in den Printversionen vom Duden, dem Brockhaus, einem Dictionary oder einem Atlas nachschlagen. Oftmals ist dieser Weg einfacher und effektiver, zumal viele internet-basierte Quellen wie Wikipedia nicht als zitierfähige Quellen gelten.

16. Software-Ergonomie

Der Begriff Ergonomie wird auch im Zusammenhang mit der Gestaltung von Software, Webpages und **Bedienoberflächen** verwendet. Unter ergonomisch gestalteter Software verstehen wir übersichtliche, leicht zu handhabende und mit ikonischen Zeichen, also selbsterklärende Zeichen versehene Software. Wir können auch die Bedienungsanleitung, Hilfsthemen und die Kompatibilität dazu rechnen. Ergonomisch gestaltete Software ist bedienerfreundlich und verwendet für jeden verständliche **Zeichencodes**, ist ausgereift und nicht überladen. Ergonomische Software ist nicht nur rein technisch betrachtet versiert, sondern auch von einem psychologischen Standpunkt den Bedürfnissen der Nutzer ideal angepasst. Alle Komponenten sollen funktionieren, auch interaktiv zu verwenden sein. Software ist beispielsweise nicht ergonomisch, wenn anzuklickende „Buttons", „Icons" oder „Links" sehr klein und eng aneinander liegend arrangiert sind, so dass ein User versehentlich den verkehrten Button anwählt. Wenn die verwendeten Symbole für den Laien nicht auf Anhieb zu verstehen sind, so erschwert dieses ebenfalls die Bedienung. Wenn die Benutzeroberfläche hingegen einer einfachen auch farblich differenzierten Schalttafel gleicht, deren Felder einfach anzuwählen sind, so lässt diese sich als ergonomisch bezeichnen.

Unergonomisch ist es, wenn für den Gebrauch von Software extra neue Komponenten installiert werden müssen oder wenn verschiedene Softwareversionen des selben Produktes nur **„forward"-kompatibel** sind.

Eine ergonomisch gestaltete Software oder Webpage soll beim Verwender Interesse, Lust und Spannung erzeugen, sich damit auseinander zu setzen. Als ergonomisch designt gelten ferner harmonische, nicht aggressiv wirkende Farbkombinationen, sanfte Töne bzw. Geräusche und nicht-schockartige Sequenzen.

17. Bildschirmarbeit als Telefonist

Als Telefonist mit Bildschirmarbeitsplatz kommt es zu einer doppelten Belastung, nämlich zu der durch den Computer und die durch die Telefonanlage mit **Headset**. Im Headset kann es zusätzlich zu **Interferrenzen** kommen, **Rückkopplungen** und undefinierbaren **Nebengeräuschen** die auf die Dauer zermürben können. Deshalb sollte unbedingt darauf geachtet werden, dass man regelmäßig Pausen macht, auch wenn die Einkünfte dadurch geschmälert werden.

18. Frischluft

Ein gut gelüfteter Computerraum ist Pflicht und unabdingbar. Notfalls sollte man regelmäßig an die **frische Luft** gehen. Ein PC Pool ohne Lüftung bzw. Frischluftzufuhr ist kein legaler Arbeitsplatz. Gerade im Sommer kann ein PC Pool durch eine Mischung aus Hitze, Staub, Platzmangel, Hintergrundgeräusche, Stress und Sauerstoffmangel unerträglich werden.

19. Telearbeit, Heimarbeit

Gerade bei Heimarbeit neigen die User häufig zu besonderer Schlampigkeiten, es wird am Rechner noch mit dem **Handy** telefoniert, zu Mittag gegessen, zu unmöglichen Zeiten gearbeitet, laute Hintergrundmusik gehört, der Computer schon gestartet während man noch im Bett liegt, usw. Man sollte auch tunlichst vermeiden, vor dem Computer **Alkohol** oder **Drogen** zu konsumieren, die Schäden dadurch sind nicht überschaubar. Wenn sie schon beruflich viele Stunden am Tag vor dem Computer sitzen, dann sollten sie nicht auch noch in ihrer Freizeit längere Zeit vor dem Computer verbringen.

20. Computer und Kinder

Kinder haben vor dem Computer nichts zu suchen, auch wenn die Computerindustrie uns das weismachen möchte. Wenn überhaupt, dann nicht stundenlang, nicht nachts, nicht ohne Anleitung und nicht ohne entsprechendes Mobiliar. Jeder sollte wissen, dass Bildschirmarbeitsplätze, ob privat oder nicht für ausgewachsene Menschen konzipiert sind. Genau wie bei Fahrrädern bedarf es für Kinder einer **Extragröße**.

21. PC Pools mit und ohne Supervisoren

Es gibt PC-Pools mit und ohne Supervisoren, die eine verbindliche Nutzungsordnung mehr oder weniger streng durchsetzen. Man sollte sich nicht alles gefallen lassen, gerade wenn es technische Probleme gibt und man dafür verantwortlich gemacht wird. Supervisoren neigen dazu, andere für Computerdefekte verantwortlich zu machen. Ferner gibt es in vielen PC-Pools Ärger wegen der Druckkosten und der langen Wartezeiten für einen Arbeitsplatz. An den Unis sind Sahnestücke wie Scanner, Brenner und Plotter meistens ständig belegt.

22. Computer und Aggressionen

Computer können u.U. ungeahnte Aggresionspotentiale freisetzen. So ist häufig von Vandalismus in PC Pools die Rede. Beispielsweise wurde der PC Pool der Sozialwissenschaftler der HU Berlin durch Randale zerstört und z.T. unbrauchbar gemacht. Es sind Momente, in denen schier unüberwindbare **Bedienungsprobleme** auftauchen, in denen ein Nutzer aggressiv reagieren kann. Es kommt u.U. zu Fußtritten gegen den Rechner oder Schläge auf den Monitor. In der Psychologie wird in diesem Zusammenhang in Charaktertypen unterschieden, nach denen sich die Reaktionen richten, die vom Unterbewusstsein gesteuert werden. **Sympathikus-Charaktere** neigen zu Aggressionen und sind prädestiniert für Magengeschwüre. **Vagusbetonte Menschen** reagieren hingegen depressiv auf die ihre Arbeitsfreude lähmenden Einflüsse (Broschüre: „Augenärzte informieren"). Gemäß Handlungstheoretischen Betrachtungsweisen ist hier eine gute Schulung im Bereich Soft- und Hardware aber auch in Ergonomie der beste Garant für fehler- und komplikationsfreies Arbeiten. Eine andere Thematik ist Diebstahl in PC Pools und an PC Arbeitsplätzen. So wird aus einer Stadtteilbücherei in Kiel berichtet, dass häufig die **Maus-Bälle** entwendet werden.

23. Datensicherheit und Sicherheitskopien

Auch der punkt Datensicherheit hat etwas mit Ergonomie zu tun. Um sich vor Datenverlust zu schützen, sollten zu bearbeitende Dateien regelmäßig abgespeichert werden. Vieler User haben sich angewöhnt, zwischendurch häufig die Tastenkombination **STRG-S** (bzw. CTRL-S bei englischsprachigen Tastaturen) zu betätigen, um die Daten zu sichern. Es kann immer etwas dazwischenkommen wie Stromausfall, Computerabsturz oder versehentliches Schließen der Software. Es ist auch sehr wichtig, Sicherheitskopien von Datenträgern anzulegen, denn es ist sehr ärgerlich, wenn ein Datenträger verloren geht, überschrieben wird oder gar gestohlen und keine **Back-Ups** mehr zur Verfügung stehen. Diese Sicherheitskopien sollten in der Form beschriftet werden, dass man sie später wieder erkennt und dass man weiß, wofür etwaige Kürzel stehen. Auch die Rohlinge sollten beschriftet werden, falls diese durcheinander geraten.

24. Kaufrausch, Kaufzwang und Fehlkäufe

Die Computerindustrie hat in den 90er Jahren einen unfassbaren **Boom** mitgemacht. Die **Produkt-Palette** von Computern, Hard- und Software und speziell Online-Dienste ebenso wie Literatur über diese Dinge ist mittlerweile unüberschaubar. Neue Computer-Firmen, -Zeitschriften und –Verlage schossen wie Pilze aus dem Boden. Ein Software-Packet löste das andere ab.

Viele Leute haben den Eindruck, dass Computer-Firmen, die in ihrem Wirkungsbereich eine **Monopolstellung** einnehmen, Kaufzwänge ausüben. Das ist immer der Fall, wenn für Software oder Betriebssysteme eine **obligatorische Folge-Version** angeboten wird.

Die bisherigen marktführenden Programme sind dadurch defakto von Heut auf Morgen veraltet. Das ist vor allem typisch für die Firma **Microsoft**. Dieses Problem existiert auf der anderen Seite genauso bei Hardware, wenn eine **neue Generation von Mikroprozessoren** auf den Markt kommt.

Für weitere Verwirrung sorgt die Koexistenz von **PC** versus **Macintosh**. Es handelt sich dabei um unterschiedliche Engeräte, die nur ihre eigenen Betriebssysteme akzeptieren. Deshalb gilt der folgende Grundsatz:

MACHEN SIE BITTE NICHT JEDEN NEUEN TREND DER COMPUTER-INDUSTRIE MIT!

Das heißt jedoch nicht, dass neue Versionen keine besondere Qualität bieten. Das Problem sind die enorm hohen **Kosten** und die **Installationszeiten**.

Durch groß angelegte Werbekampagnen wurden der Bevölkerung unzählige Angebote suggeriert, auch unausgereifte Produkte wurden angeboten. Hinzu kamen Kampagnen in Firmen und an Schulen und Universitäten. So wurde dem Computer-Nutzer ein Kaufzwang auferlegt, der zum Teil in Kaufrausch umschlug. Der Markt wurde mit neuen Produkten förmlich überschwemmt. So haben viele Leute sich über Jahre ganze Regale an Computer-Literatur und Software-Paketen angelegt, von denen wenn überhaupt nur ein Bruchteil genutzt wird. Computer erwiesen sich mehr und mehr als ein teures Hobby oder als aufwendige Existenzgrundlage. Parallel verkümmerten bei vielen menschliche Grundbedürfnisse und Fähigkeiten. Des Weiteren haben sich viele Firmen bei der Anschaffung von Endgeräten, Software und Netzwerken übernommen und sind so in die Pleite geschlittert.

Deshalb gilt der Leitsatz:

NICHT SOFORT ALLES KAUFEN, WAS DIE WERBUNG OFFERIERT!

Deshalb sind auch die meisten Computer mit Software überladen und niemand weiß, wie diese funktioniert oder deinstalliert werden kann.

Spätestens, wenn jemand seine Sammlung an Computerbüchern, Software-Paketen oder Hardware wie Scanner, Modem, Kamera usw. verkaufen will, stellt er unter Umständen fest, dass die Produkte enorm an Wert verloren haben.

Hier soll an dieser Stelle nicht alles schlecht geredet werden. Es muss aber auf die **Gefahren** hingewiesen werden.

Ein weiteres Problem stellt eine falsche Beratung in Computerläden dar, die dazu führen kann, dass inkompatible, bereits veraltete oder qualitativ schlechte Software verkauft wird. Auch **Fehlkäufe** fallen bei vielen schwer ins Gewicht, besonders wenn teure Software für den Verbraucher zu kompliziert ist (**Profi-Software**), wenn es mit der Installation Probleme gibt, oder wenn der Verkäufer oder die Werbung einfach zu viel versprochen haben. So haben wir alle Soft- und Hardware zu Hause, die wir nicht zu installieren vermögen. Und häufig traut der Kunde sich nicht aus lauter Peinlichkeit, sich als Computerlaie zu outen, die Ware umzutauschen.

Der Markt ist zu groß und unübersichtlich. Der User verliert im Extremfall die Übersicht oder verpasst einen propagierten Einstieg. Er bekommt Angst, den Anschluss zu verlieren.

Deshalb ist es auch nicht verwunderlich, dass viele nahezu neue Produkte über **Second-Hand-Zeitungen** oder Einrichtungen wie **Ebay** zu Tiefstpreisen die Besitzer wechseln.

25. Software-Redundanz

Software soll so gestaltet sein, dass sie einfach zu bedienen und für jedermann verständlich ist. Leider ist dieses nicht immer der Fall und die Programme sind manchmal dermaßen kompliziert, dass die Nutzerin von einem Experten oder im Rahmen einer **Schulung** eingearbeitet werden muss. Denken Sie nicht, sie seien der Einzige auf der Welt der dieses Programm nicht versteht. Die **Bedienungsanleitungen** sind in einigen Fällen nicht oder nur unzureichend übersetzt. Hinzu kommt, dass viele der Elemente einer Software redundant, das heißt überflüssig sind. Software kann dermaßen überladen sein, dass der Nutzer den Einstieg verpasst. Die Fülle an Funktionen und Unterfunktionen kann sehr groß sein, wodurch der Nutzer sich wie in einem **Dschungel** verlieren kann. Um eine Software sinnvoll anwenden zu können ist jedoch nur ein Bruchteil der Programmfunktionen erforderlich. Wer einen Brief mit einem **Textverarbeitungsprogramm** schreiben will, interessiert ganz sicher nicht, wie er über das „Clipboard" Videos installieren kann. Über diese Form der **Software-Ergonomie** gibt es Untersuchungen, und nur circa 15 % aller Funktionen einer Software wird letztendlich vom Anwender für dessen Arbeiten verwendet. Die restlichen 85 % sind eine reine **Überausstattung**, die eine Anwendung z.T. unnötig verkomplizieren (Broschüre „Telearbeit", Bundesamt für Arbeitssicherheit).

26. Spamming und Mobbing

Mobbing und Spamming ist im Prinzip dasselbe, beides begreift sich als Störung des arbeitenden Individuums, mal von einer realen anwesenden Person (Mobbing) und mal von einer virtuellen Person, die dem Nutzer unerwünschte Emails zusendet (Spamming). Mobbing kann eine schwerwiegende Sache sein, denn mitunter wird die Arbeit so zur Hölle. Auch Mobbing vor dem Computer, beispielsweise bei Arbeitskollegen in einem

Abb. 6: Postfach mit Spam-Mails

PC-Pool kann sehr zermürbend sein, der gemobbte User kann unter Umständen die Lust an der Computernutzung verlieren. Auch Supervisoren können mobben indem sie harsche Anweisungen geben oder Tadel verteilen. Ein PC-Pool Mitarbeiter kann absichtlich die Dateien eines Arbeitskollegen löschen, ein User kann verwerfliche Emails zugeschickt bekommen oder die Geräteeinstellungen am PC-Arbeitsplatz können mutwillig verändert werden. Es können **Passwörter** gehackt und an Dritte weitergegeben werden, um Daten zu entwenden oder zu löschen. Auch wenn **pornografische oder**

rassistische Webpages für den Nachbarn ersichtlich frequentiert werden, kann das auch als Mobbing verstanden werden.

Genau genommen fängt das Mobbing schon an, wenn den Mitarbeitern der funktionstüchtige Stuhl weggenommen und dafür ein defekter hingestellt wird, da nicht ausreichend funktionstüchtiges Material vorhanden ist. Das Problem besteht ferner darin, dass die Mitarbeiter in diesen Fällen häufig Angst haben, sich zu beschweren, um nicht Gefahr zu laufen, eine Kündigung zu erhalten. Auf Mobbing vorm Rechner gibt es nur eine vernünftige Antwort: es sich zu verbieten, gegebenenfalls den Chef o.Ä. zu informieren.

Eine andere Dimension stellt das Spamming dar. Wohl jeder Email-User hat schon einmal unerwünschte Mails, Spam- oder **Junk-Mails** erhalten. Wenn möglich sollte man einen **Anti-Spam-Filter** oder Vergleichbares aktivieren. Manchmal hilft es auch direkt zu antworten und den Satz "**remove me from your mailing list**" zu versenden. Im Extremfall kann der User die alte Emailadresse abmelden und sich eine neue bestellen.

Oftmals ist es jedoch ratsam, Spam-Mails zu ignorieren, wenn sich ein **Trojaner** dahinter verbirgt. Das sind Emails, die mit Viren behaftet sind und den Computer daheim zerstören können.

27. Mein Computer bleibt Jungfrau

Wegen des permanenten **Virenalarms**, Angst sich einen **Trojaner** einzufangen, **Autodialer** oder Opfer andersartiger Internet-Kriminalität zu werden, entscheiden sich viele Leute dazu ihren Computer „jüngfäulich" zu belassen. Unter Jungfrau verstehen wir in diesem Zusammenhang, dass ein neuer Computer nicht ans Internet angeschlossen, sondern ausschließlich für **Offline-Aktivitäten** verwendet wird. Das bedeutet auch, dass keine IP-Adresse registriert werden kann, auch wenn verwendete Software z.T. auf dem eigenen Rechner registriert werden muss. Dateien wie MP3, JPEG, MPEG, PDF, Textdokumente u.v.m., aber auch Software werden nicht heruntergeladen, sondern können nur noch über Datenträger wie **USB-Sticks**, CD-Roms und Disketten importiert werden.

Kommunikation wie Chat, Email und Internet-Telefonie ist so natürlich nicht mehr möglich. Das hat den Vorteil, dass der User sich ganz auf sein Arbeiten und die Dateien auf seinem Computer konzentrieren kann ohne Gefahr zu laufen sich einen Trojaner einzufangen oder durch permanentes Internet-Surfen von der Arbeit abgelenkt zu werden.

28. Computer & Drogen

Es kann unter Umständen fatal sein, wenn während der Nutzung von Computern, beim Internet-Surfen, beim PC-Spiel oder beim Chatten Drogen konsumiert werden, um den ultimativen Kick zu bekommen. Dabei liegt der Irrglaube vor, dass beim PC-Spielen Drogen bestimmte Stimmungen, Gefühle oder **Rauschzustände** verstärken oder verlängern.

Häufig sind es so genannte Ballerspiele, bei denen sich die Kids mit Drogen versorgen. Während einige sich aufputschen, um auch noch nachts vor dem Rechner aktiv sein zu können, gehört für andere Drogenkonsum zur Internet-Kultur dazu wie ein Bierchen zur Fußball-Übertragung.

Es kommt nicht von ungefähr, dass **Kokain** lange als Droge der New Economy galt.

Es spielen aber vermutlich auch **Speed, Cannabis, Marihuana und Extasy** eine Rolle.

Abgesehen davon kann die Nutzung von Computern selbst auch zu eine Droge werden, die typische suchtähnliche Symptome zeigt, besonders bei Schlafentzug, neuartiger Software, verbotenen Spielen usw.

Ebenso können neben den bekannten Folgen des Drogenkonsums vermutlich durch Internetsucht erworbene Störungen wie Realitätsverlust oder Wahrnehmungsstörungen durch zusätzlichen Drogenkonsum weiter verstärkt werden.

Die Hormone, um die es dabei geht sind Panik-Hormone wie **Adrenalin** bei Kriegsspielen, **Glückshormone** beim Chatten und **Sexualhormone** bei Online-Sex, u.a.

Ferner ist das Internet auch ein Tummelplatz für Händler von Viagra, legalen Aufputschmitteln und Muskelaufbaupräparaten für Bodybilder.

Für viele gehört der Genuss von Zigaretten, Kaffee oder auch Bier zum Computeralltag dazu. Einige erkennen dabei gar nicht, wie schnell die Zeit vergeht und wie viel bereits verzehrt wurde. Erschwerend wirken Arbeitsbereiche, in denen ständig frischer Kaffee bereit steht oder in denen am Arbeitsplatz geraucht werden darf. Für viele ist das ein kleiner Kick während der Arbeitszeit.

29. Mobile Computer

Lassen Sie sich nicht in die Irre führen. Die Computerindustrie will auch nur Geld verdienen. Die größten IT-Unternehmen benötigen nicht nur Millionen- sondern Milliardengewinne. Wundern Sie sich nicht, wenn die es mit allen Tricks versuchen, wenn am laufenden Band neue Betriebssysteme und Softwareversionen herausgebracht werden. Das Gleiche gilt für Hardware. Auch Rechner können unterschiedliche Erscheinungsbilder annehmen. Während wir gestern noch PC und MAC hatten, gibt es heute plötzlich den Laptop, das **Notebook, Palmbooks,** internetfähige Handys, **Blackberrys** und andere extravagante Typen von mobilen Computern. Lassen Sie sich nicht über den Tisch ziehen! Erkennen Sie ihre Ansprüche. Wenn Sie nur hin und wieder einen Brief tippen oder eine Email verschicken, müssen Sie nicht jedes neue Betriebssystem kaufen. Wenn Sie nur hin und wieder mal chatten wollen, können Sie auch zweimal in der Woche ins nächste Internet-Cafe gehen. Die Computerindustrie hat sicher Werbetricks, auf die wir alle hereinfallen. Braucht ein Student, der an einer Uni den PC-Pool nutzen kann, zuhause einen Mac und für unterwegs noch einen Laptop? Und muss er unbedingt auch ein Notebook haben, nur weil die jemand an der Uni am schwarzen Brett günstig anbietet?

Und es kann noch schlimmer kommen. Deshalb:

VERMEIDEN SIE UNNÖTIGEN COMPUTERSCHROTT!

Was lässt die Zukunft erwarten? Fernseher mit integriertem Internet, Spielekonsolen mit Online-Zugang, PCs in Autos, Großleinwand PCs, Laptop Chassis der führenden Automobil- und Motorradkonzerne mit deren Logo darauf? Einweg-PCs, in Wände eingemauerte PCs, sprachgesteuerte Macs, neue Talker, neue Smalltalker, Robotik-PCs, oder **einpflanzbare Chips** (Kurzweil 1999). Der Fantasie sind keine Grenzen gesetzt. Also: schonen Sie ihr Portemonnaie und dämmen Sie ihren Spieltrieb ein. Machen Sie am besten mehr Sport, einen Salsa-Kurs. Lesen Sie mal ein gutes Buch.

Doch bevor Sie sich ein Laptop o.Ä. zulegen, bedenken Sie, dass Sie sich mit einer Vielzahl neuartiger Probleme auseinandersetzen müssen, dass sie das Akku regelmäßig aufladen müssen, dass ihr Gerät mitten in einem Café ohne lange Vorwarnungen einfach abstürzen kann, dass Laptops gerne aus Büchereien oder Autos entwendet werden, dass einige Geräte nicht ganz Bruchfest sind. Sie benötigen Zusatzgeräte, Kabel, Datenträger, oder eine spezielle Konfiguration für den Internetempfang, Nutzungsverträge von Telekommunikationsanbietern. Wenn Sie einen Mac zuhause haben, sollten Sie sich keinen windowsbasierten Laptop kaufen usw.

NEUE TECHNIK – NEUE PROBLEME – NEUE HOTLINES

Erschwerend kommt hinzu, dass Laptop-User an ungewohnten Arbeitsorten tätig werden, im Zug, Flugzeug, in Café, und anderen manchmal damit auf die Nerven gehen. Zu den ungewohnten Arbeitsorten kommen auch ungewohnte Arbeitszeiten.

Viele User verschätzen sich mit den Lichtverhältnissen und verderben sich u.U. die Augen. Viel geben ihre Privatsphäre auf, tragen mitunter ihren hektischen Arbeitsstil in die Öffentlichkeit. Das Ergebnis ist, dass noch mehr Zeit vor dem Computer verbracht wird als sonst.

Zu den mobilen Computern zählen auch Mobile Navigationssysteme. Sie können manchmal Verwirrung stiften, sind zum Teil bloße Spielerei. Einige kommen mit diesen Hilfsmitteln gut zurecht, andere haben Schwierigkeiten, sich an diese zu gewöhnen. Was jedoch auffällt ist, dass seit Einführung dieser Navi-Systeme einige Verkehrsteilnehmer nicht mehr blinken, andere auffällig langsam fahren und vor Kurven scheinbar stehen bleiben wollen. Als Ratschlag: bleiben Sie bei dem Medium, mit dem Sie aufgewachsen sind. Verwenden Sie lieber einen Stadtplan als mit 60 noch auf ein Navigationssystem umzusatteln, das u.U. **Orientierungsfehler** verursacht. Ob diese Auto-Computer tatsächlich die Unfallgefahr erhöhen ist bisher nicht bekannt. Zeitungs- und Radiomeldungen scheinen die Thematik zu meiden, aus Angst sich mit der Automobilindustrie anzulegen. Diese Auto-Computer erzeugen ein **Sicherheitsgefühl**, dass u.U. In Panikgefühl umschlägt, wenn es nicht mehr funktioniert. Es empfiehlt sich, zumindest hin und wieder ohne diesen Bordcomputer zu fahren, zu fliegen oder zu segeln, um den Umgang ohne dieses System zu trainieren, um gewappnet zu sein, falls es einmal ausfällt.

30. Sex im Netz

Computer haben mit Sex überhaupt nichts zu tun, ausgenommen der Tatsache, dass auf vielen Webpages Sex und Sexualität thematisiert oder dargestellt wird. Die Sexbranche ist die umsatzstärkste Branche im Internet. Viel User reagieren besonders intensiv auf sexuellen Kontent im Internet, besonders dann, wenn sie männlich und Langzeitsingles sind. Der menschliche Organismus reagiert zum Teil sehr extrem auf Sex im Netz, einige bekommen Angst, beobachtet zu werden, andere leben sich temporär sexuell am PC aus, bezahlen viel Geld für Passwörter oder besuchen verwerfliche verbotene Webpages. Der Bevölkerung wird immer noch vorgegaukelt, dass sich solche Seiten nicht sperren lassen. Deshalb: Lassen Sie die Finger von diesem ganzen Dreck! Es ist in ihrem Interesse.

Pornographie lässt den User abstumpfen und verrohen. Andere verdienen damit Millionen. Ihr wirkliches Sexualleben wird durch das Absurfen von Sex-Pages nicht besser, ganz im Gegenteil.

Viel User frequentieren Partnerbörsen. Besonders Frauen werden hier sehr häufig beleidigt und belästigt. Es wird suggeriert, dass ein User eine höhere Erfolgsquote hat, wenn er Gebühren zahlt oder **„upgraden"** lässt.

Bedenken sie auch, dass Pornographie aus wirtschaftlichen Gründen eingesetzt wir. So wird versucht, mit Hilfe der Porn-Industrie neue Standards durchzusetzen. So hat sich auf dem Video-Sektor beispielsweise VHS gegenüber Video 2000 nur wegen der **HC-Videos** durchgesetzt (KN, 27.02.2008, S.7, Wirtschaft).

31. Arbeitspsychologische Betrachtung

Arbeiten am Computer kann zum einen viel Spaß bringen, zum anderen auch belasten und stressen, nicht zuletzt wenn unter **Zeitdruck** gearbeitet werden muss. Es spielt eine wesentliche Rolle wie geübt jemand am Computer ist, wie sehr man die Software und das Betriebssystem beherrscht, wenn effektive Ergebnisse erzielt werden sollen. Je besser ein Trainingsverfahren zum Erlernen der Soft- und Hardwarenutzung, desto besser die Leistung.

Je größer das Wohlbefinden, desto effektiver ist das Lernen vor dem Computer. Je besser ein User in eine Software eingearbeitet ist, desto weniger Fehler macht der User. Je angemessener die Pausen, desto geringer die psychische Ermüdung und damit der Lern- oder Arbeitserfolg. Je größer der **Habituationseffekt**, desto größer das Wohlbefinden am Arbeitsplatz. Je ausgeprägter das technische Wissen, desto effektiver die Ursachenbehebung. Je sicherer die Operationsregeln von Software und Betriebssystemen beherrscht werden, desto effektiver ist die Anwendung. Auch für das Arbeiten mit dem Computer gilt der folgende Grundsatz der Arbeitspsychologie:

„Effektivität ist das Verhältnis von Aufwand zu Ergebnis."

(Hacker 2005, S.107)

Je größer die Erfahrung mit Hardware, desto geringer die Zerlegungsprobleme. Je häufiger die Ausführung von Software und Hardware-Anwendungen, desto sicherer wird die Beherrschung.

Je höher das Arbeitsplatzalter, desto besser die Leistungen, vorausgesetzt, man ist nicht erschöpft.

Ferner gibt es eine die Persönlichkeit fördernde Arbeitsgestaltung, Bewegungsentwürfe, Entwicklung innerer Modelle, autodidaktisches Geschick, Portionierung von Arbeit und das Aufteilen von Arbeit in einer Gruppe, was bei größeren Projekten wie der Erstellung von Software wichtig ist.

32. Esoterik & Computer

Für viele spielt Esoterik bei der Computernutzung eine Rolle. Dass ein Arbeitsplatz individuell eingerichtet wird ist verständlich, mit Fotos von der Liebsten, nette **Hintergrundbilder** oder eine interessante **Startpage**. Andere versehen ihren PC mit Aufklebern, platzieren Quarze daneben oder stellen Kerzen auf. Für viele sind **shortcuts** auf dem Desktop wichtig, durch die sie blitzschnell auf die beliebtesten Webpages zugreifen können. Esoterik fängt dort an, wo einem Kult nachgeeifert wird. Ein Hintergrundbild oder Bildschirmschoner muss keine **Friedhofsatmosphäre** verbreiten. Totenschädelsymbole werden ebenfalls immer beliebter. Das liegt an der neue Dark-Wave/ Fantasy/ Esoterik-Welle bei vielen Jugendlichen. Das zeigt sich nicht nur an der Auswahl der PC-Spiele. Den Gipfel bilden **Newsgroups** für Suizid-Sympathisanten und virtuelle Friedhöfe (Geier 1999). Vor solchen Tendenzen ist in jedem Fall zu warnen.

33. Private Rechner ausspionieren

Seit längerem läuft die Diskussion, ob Rechner ausspioniert werden können und dürfen. Generell gibt es hier eine Regel:

LASSEN SIE SICH NICHT VON DIESER DISKUSSION VERRÜCKT MACHEN!

Technisch ist sicher vieles möglich. Doch wer hat schon Zeit und Interesse, sich ihre Daten anzusehen? Oftmals steht ein ganzer Industriezweig hinter solchen Kampagnen. Die Sicherheitsfirmen können ihre Produkte besser absetzen, es werden noch sicherere Betriebssysteme gepriesen, sie sollen weitere Einverständniserklärungen mit Online-Firmen abschließen.

Wer einen jungfräulichen Rechner hat, s.o. kann sich sicher sein, dass die Daten nicht angegriffen werden. Die Gefahrenquelle liegt stets bei der Datenübertragung. Theoretisch sind integrierte Funksender denkbar, doch das kann sich kein Computerhersteller erlauben. Derzeit ist auch nicht bekannt, ob Funknetze als **Crossover-Medium** fungieren können. Mögliche Gefahrenquellen zur illegalen Abschöpfung von Daten sind vermutlich aktivierte Datenfernübertragung (DFÜ), sog. Messungen durch die Telefongesellschaften, Datenspuren auf Attachments, Cross-over-Software, funkbasierte Abschöpfung.

DON'T PANIC!!!

Doch das alles ist laut Urteil des BVG am 27.2.2008 nicht erlaubt.

Viele User wundern sich über interne Konfigurationen wie **„Problembericht senden"**, **Telnet, Dialer** usw., die darauf schließen lassen, dass eine Datenabschöpfung von Außerhalb stattfindet. Lassen Sie sich von solchen Einstellungen nicht beunruhigen, dafür ist Microsoft bekannt, dass deren neue Produkte den Eindruck erwecken: alles geht, alles ist möglich!

Eine größere Gefahr stellen die Leute da, die unerlaubt an ihren Computer herankommen und sich ohne zu fragen Daten herunterladen, mit oder ohne Passwort, an ihrem Arbeitsplatz, an der Uni, zuhause oder anderswo.

Generell können Computer bei Laien und Neulingen manchmal Angst erzeugen. Das ist immer dann de Fall, wenn der User mit neuem System, neuer undurchsichtiger Software etc. konfrontiert wird. Er fragt sich manchmal:

Was ist machbar?
Was geht?
Können die mir den PC ausspionieren?

In der Tat, neue Software und Betriebssystem werfen viele Fragen auf, wie weit die Entwicklung auf dem Computersektor vorangeschritten ist. Lassen sie sich davon bitte keine Angst machen. Diskutieren Sie darüber mit ihren Freunden und Bekannten, lesen Sie mal etwas in Fachzeitschriften oder besuchen Sie Internetforen, um einem Entfremdungseffekt vorzubeugen.

34. Daten- und Textverarbeitung, Tipp-Training und Tastaturbefehle

Für Leute, die nicht sehr fit am Computer sind, empfiehlt es sich, einen Schreibmaschine-Kurs zu belegen, Tipp-Training zu absolvieren bzw. sich das Zehn-Finger-System anzueignen. Manchmal eigenen sich auch Kurse für das **Office-Packet**. Sie lernen immer etwas neues dazu! Wenn der User wirklich einmal etwas schreiben muss, geht es nach solchen Kursen viel flüssiger. Auf der anderen Seite ist es nahezu unerlässlich, die wichtigsten Tastaturbefehle zu erlernen. Dazu gehören:

Ctrl + S	→	speichern
Ctrl + C	→	kopieren
Ctrl + V	→	einfügen
Ctrl + F	→	fett
Ctrl + U	→	unterstrichen
Ctrl + K	→	kursiv
Ctrl + Z	→	rückgängig
Ctrl + A	→	alles markieren
Ctrl + P	→	drucken
Ctrl + O	→	öffen
Ctrl + Q	→	beenden
Ctrl + G	→	suchen und ersetzen

Je nach Computer finden sie entweder die **Ctrl-Taste** oder die gleichbedeutende Taste mit **Strg**.

Es gibt eine Reihe von anderen Tastaturbefehlen, die wir nicht einmal erahnen können. Wenn Sie mal einem Koreaner, Japaner oder Chinesen mit einer europäischen Tastatur arbeiten sehen, werden sie sicher staunen. Über **Codes** lassen sich mitunter Tausende von Schriftzeichen generieren.

Zwar kann vieles über die Optionen im Browser eingestellt werden, doch gehen die Tastaturbefehle einfacher und schneller von der Hand. Doch passen sie auf! Teilweise sind uneinheitliche Tastaturen (**Keyboards**) im Umlauf, Zeichen sind mitunter an unterschiedlichen Stellen arrangiert, es gibt zusätzlich Unterschiede zwischen PC, Mac, Laptop, manchmal sind Tastaturen stark verstaubt oder verdreckt, einzelne Tasten können blockiert sein. Das liegt manchmal am Konsum von Lebensmitteln und Getränken vor dem Computer. Ebenso können Maustasten defekt sein oder deren Kabel zu kurz. Manchmal sind die Mauskugeln blockiert und der User schlägt sie auf den Tisch. Bei Problemen sollten die Tastaturen um- und ausgetauscht werden.

35. Computer als Politikum – eine psychiatrische Dimension

Vergreiste Politiker, Bundesrichter und Manager entscheiden über Online-Richtlinien, von denen Sie häufig keine Ahnung haben. Sie glauben zu wissen, was für die Bevölkerung gesund und rechtens ist, ohne dabei den Fortschritt und die Profite der IT-Industrie außer acht zu lassen. Doch wie viele Stunden schafft ein Bankangestellter pro Tag, Woche und Jahr, ohne einen **Bandscheibenvorfall** zu riskieren? Die vom Computer verursachten Schäden, ob in Form von computergenerierten Krankheiten oder durch Computerabstürze, Datendiebstahl, Bedienungsfehler und Korruption nehmen eine kaum zu überblickende **volkswirtschaftliche Dimension** an. Wer Computer verurteilt, gilt als primitiv. Wer Computer meidet, gilt als weltfremd. Wer Computer kritisiert, schafft sich Feinde. Wer mit Computern umgehen kann, gilt als kriminell. Und wer defekte Computer beim Supervisor meldet, erhält im Extremfall eine Kündigung oder Hausverbot. Damit hat die Computerwelt eine psychiatrische Dimension erlangt. Die Diskussion über die Probleme und Krankheiten wird unterdrückt, da die IT-Lobby zu stark ist und da es allen zu peinlich ist, sich als **Computerlaie** zu outen. Doch die Computerwelt ist so breit gefächert, dass es Computerexperten mit großen **Wissenslücken** gibt, zumal alle großen Firmen, unterschiedliche Länder und Ministerien verschiedene **Standards** verwenden. Niemand steigt mehr durch, und das Resultat ist, dass die IT-Firmen immer reicher werden, die Arbeitnehmerrechte immer enger und die computerverursachten Leiden immer umfangreicher.

Es ist jedoch ungerecht, wenn einige Leute zu viel am PC arbeiten, und von den Arbeitsstunden her fast eineinhalb Arbeitsplätze belegen, andere wiederum als **freie Mitarbeiter** am PC für einen Hungerlohn ausgebeutet werden. Zwar absolvieren immer mehr Menschen eine computerorientierte Ausbildung (Fachinformatiker, Medieninformatiker, IT-Systemkauffrau), doch die großen Firmen setzen letztendlich ihre eigenen **firmeninternen Ausbildungsstandards** durch, die an firmeneigener Software orientiert sind (SAP, Microsoft, Siemens), und staatliche Ausbildung werden hinfällig. Eine Arbeitslosigkeit von IT-Fachkräften wird hingegen totgeschwiegen.

Abb. 7.: Microsoft Clip-Art

Es ist wichtig, diese Zusammenhänge zu erkennen und sich davon nicht krankmachen zu lassen.

Sie müssen dabei stets bedenken:

In den großen IT-Firmen wird jetzt schon in den Labors das erprobt, was erst in fünf bis zehn Jahren **markenreif** auf den Markt kommt, ob Hardware, Software, Netzwerke oder Funktechnik. Die Werbeindustrie gaukelt uns später mit diesen Produkten eine neue **IT-Revolution** vor, die jedoch bereits über Monate und Jahre geplant wurde und jetzt schlagartig über die Pressestellen Verbreitung findet:

FALLEN SIE NICHT AUF SOLCHE TRICKS DER IT-INDUSTRIE HEREIN!

Wir können davon ausgehen, dass sich auch in der IT-Branche **mafiaähnliche Strukturen** festgesetzt haben, mit **dubiosen Verteilerfunktionen, Datenschmugglern** und **Überwachungskriminalität.**

Und seien Sie vorsichtig mit Ihrer Kreditkarte. Hinterfragen Sie im Bekanntenkreis, in Foren oder bei Beratungsstellen, ob es sich um eine seriöse Firma handelt. Häufig ist auch die Polizei überfordert oder desinteressiert, Firmeninteressen behindern die Ermittlungen.

Ferner ist die Rolle von Rechtsradikalen in der Computerindustrie noch nicht geklärt. Computer sind letztendlich nur Arbeitsplätze, Freizeitplätze und Informationsbeschaffungsgeräte – aber zugleich Produkte und Endgeräte und nach ein paar Jahren Computerschrott. Computer sind mit Sicherheit keine Drogen, kein Partnerersatz und keine anbetungswürdigen Schreine.

Schließen Sie bitte nur mit Online-Firmen Verträge ab, wenn sie sich sicher sind, dass die Firmen korrekt sind. Überprüfen sie, ob in Ihnen nicht ein suchtartiges Konsumbedürfnis geweckt wurde, das morgen schon nicht mehr existiert.

Bedenken Sie:

DAS INTERNET IST EINE PERMANENTE BAUSTELLE.

Es haben sich immer noch keine einheitlichen Standards durchsetzen können, viele Webpages werden temporär abgeschaltet, es wird viel herumexperimentiert. Sowohl die Telekommunikationsgesellschaften, Internetportale und Werbefirmen kämpfen untereinander um neue Kunden. Niemand ersetzt Ihnen den **Festpalattencrash**.

Gehen Sie bitte nicht zum Psychiater, wenn sich die neue Software nicht installieren lässt. Gehen bitte doch hin, wenn sie bemerken, dass sie ohne Computer nicht mehr Leben können und auch nachts die meiste Zeit vor dem Gerät verbringen. Sie müssen selbst erkennen, wann das Maß voll ist.

36. Literatur-, Web-Tipps, Broschüren, etc.

- CARTER, R.: Mapping the Mind, London, Weidenfeld & Nicolson 1998.

- DÖRING, N.: Sozialpsychologie des Internet, Hofgrefe, Göttingen 2003

- GEIER, M. : Fake, rororo, Reinbek 1999.

- HACKER, W.: Allgemeine Arbeitspsychologie, Bern, Verlag Hans Huber 2005.

- HITTLEMAN, R.: Yoga, Das 28-Tage-Programm, Orbis Verlag, München 1989

- HOLZKAMP, K.: Grundlegung der Psychologie, Campus-Verlag, Frankfurt a.M., New York, 1985.

- HÜBSCHER, H. et al: Das IT-Handbuch, Westermann Berufsbildung, 2004

- KUNER, E.; SCHLOSSER, V.: Traumatologie, Thieme-Verlag, Stuttgart, New York 1995.

- KURZWEIL, R.: Homo S@piens, Econ Verlag, München 1999.

- OTT, E.: Optimales Lesen, rororo Sachbuch, Reinbek 1989.

- TURKLE, S.: Leben im Netz, rororo, Reinbek 1998.

- VAN LYSEBETH, A.: Yoga für Menschen von heute, Mosaik Verlag, 1999

- diverse BARMER und AOK-Broschüren

- „Strahlenthemen", Infoblätter des Bundesministeriums für Strahlenschutz

- Broschüre Bildschirm-Arbeitsplatz: Augenärzte informieren, Berufsverband der Augenärzte Deutschlands (BVA), Dt. Ophthalmologische Gesellschaft (DOG), 1985

- Broschüre „Telearbeit", Bundesamt für Arbeitssicherheit

- Ergo-Online unter:

http://www.sozialnetz-hessen.de/ca/ph/het/

- http://www.buergerwelle.de

- Kieler Nachrichten, 27.02.2008, S.7, Wirtschaft

Abbildungsverzeichnis: